해를 닮은 해바라기

주철민 시집

다솜출판사

시집을 내면서

논밭의 오곡은 풍작이 되려면 농부의 발자국 소리와 적당한 물과 바람, 햇볕이 필수 요건이며 무엇보다 거름이다.

그러나 일찍이 선인은 시가 "쌀로 술을 빚는 것과 같이 흥정이 까다로워 기다림의 미학"이라 했다. 대문호 폴로베르는 "풀 한 포기 속에 커다란 사랑과 이야기를 키울 수 있다."라고 표현했다.

많은 세월 동안 나는 자연과 사계절의 풀 한 포기, 꽃과 곤충을 벗하며 살아왔는데 아직도 발효의 숙성이 필요하다. 마음속 마그마가 분출을 기다리며 아름다움을 창조하는 것이 예술이라 한만큼 앞으로도 미적 시어를 잘 다듬어 나갈 시간이 필요함을 느낀다.

사진집과 시집을 네 번째로 내지만 부족한 나의 시를 공감하는 독자가 있다면 그것으로 흡족함을 느끼며 계속 이 길로 정진하리라 작정한다.

2025년 8월 주철민

차 례

시집을 내면서　　　3

┃제1부┃

일출　　　11
제비꽃　　　12
청보리밭　　　13
오륙도 연가　　　14
산수화　　　15
화포천　　　16
가로등　　　17
먹이사슬　　　18
해바라기 꽃　　　19
초여름　　　20
그 네　　　21
젊은 날의 추억　　　22
감천마을　　　23
노을　　　24

제2부

가을의 개여울에서	27
비밀의 정원	28
현충일	29
황혼	30
할미꽃	31
할머니 댁 감나무	32
늦가을	33
철새	34
은행잎 편지	35
겨울 연가	36
명태 덕장	37
구절초	38
반곡지	39
생각의 덫	40
잠복소*	42

제3부

귀로	45
오륙도 수선화	46
젊은 날의 수채화	47
찔레꽃 필 때	48

일상의 탈출	49
비속의 해바라기	50
설렘	51
억새꽃	52
가파도	53
삼베적삼	54
모카커피 한잔	55
꿀벌의 반란	56
휴대폰 시대	57
첫 만남	58

▮제4부▮

겨울 동박새	61
인동초	62
첫눈	63
눈 속에 피는 홍매화	64
솟대마을	65
강강 술래	66
봄의 소리	67
카라 꽃씨	68
꽃비	69
푸른 뱀의 해	70
아라홍련	71

바실리에 가면　　　72
운곡서원　　　　　73
외로움의 길　　　　74
절규　　　　　　　75

▎제5부▎

주남저수지의 일출　　　79
사랑의 춤사위　　　　　80
꽃잔치　　　　　　　　81
동피랑　　　　　　　　82
장독 마을　　　　　　　83
연탄 갈기　　　　　　　84
카트 서핑과 노을　　　　85
수련꽃　　　　　　　　86
빨간 눈사람　　　　　　87
서라벌　　　　　　　　88
징검다리 마을에서　　　89
늦여름　　　　　　　　90
칠월의 폭염　　　　　　91
들 꽃　　　　　　　　　92
풀잎 사랑　　　　　　　93
시집발간을 축하드리며　94

제1부

일출

간밤에 고통을 심하게 앓더니
각혈을 토하듯 양수가 터졌다

온 세상을 밝힐
먹구름 위에 누워있는 붉은 아이
시간이 흐를수록 여물어간다

어둠은 놀라 달아나고
지표의 생물들은
생명을 하나씩 걸머지고 밖으로 나온다

온 누리에 사랑을 뿌리고
삶을 뿌려가며
환희를 맞을 준비에 시간이 갈수록 바쁘다

제비꽃

비밀스런 전설 속
검버섯 핀 돌 틈 사이
언 땅을 일깨우는 잎샘추위

예언 같은 단비가
궁상맞은 내 삶을
동면에서 깨워 새싹을 틔우게 한다

땅속 깊은 곳에서
시린 바람 마중 나와
제비꽃 향기 미소 짓는 봄의 전령사

삶의 한줄기 보랏빛 되어
간밤에 별똥별 에게
축포를 터뜨리게 하면
아침 일찍 제비꽃은 꽃잎을 연다

청보리밭

가슴으로 얼음을 녹여
싹 틔운 청보리

목동이 피리 소리로
송아지와 염소를 길동무하던 시절
꼬맹이의 배꼽시계
가난의 그림자가 옅어져 사라진다

나비와 고추잠자리가
숨바꼭질하는 그곳
주름진 얼굴이
추억의 접선을 거부하지만

못 다한 일기장에
노을만 붉게 탄다

오륙도 연가

봄이 오면 오륙도 언덕
황금빛의 유채꽃 만발하면
산안개 자욱한 별 여섯 개가 바다에 떠있다

붉은 혼불을 담아
동해바다에 띄우니
별들이 잠들고
소라의 꿈이 익어가는 오륙도

여의주 불을 품은 등대섬이
송곳 같은 용린으로
독수리 눈으로 지켜주는 수리섬
세찬 파도와 같이 달려드는 적들을 막아내는 방패섬

나라와 민족의 수호신
동해바다 끝자락 오륙도가 살아있다

산수화

거인이 사는 깊은 숲
세월을 못 이긴 나무의 허파가
파랗게 물이 들었다

하늘을 등짐 진 저문 안개 속
숲속 하늘이 보이는 공간에
별들은 산란을 시작한다

바위틈에 뿌리내린 생명들
거인의 붓질로 수묵화를 그리고
입김으로 안개비를 뿌리면
하얗게 피어난 상고대

동양화의 깊은 계곡은
우리에게 비밀스런 이야기를
속삭이다 나그네의 발길을 어루만진다

화포천

풀잎 사이 나목들이
물안개에 숨을 고르며
하얀 꿈을 깨우고 있다

새벽안개가
붉은 용암을 밀어 올리고
빛의 화살은 철새들을
난자하고 있다

강물이 흐르는
갈대숲 언저리엔
온몸으로
사랑의 씨앗 품은
생명의 숭고함이 살아 숨쉰다

가로등

옹이진 거친 삶
뒤돌아보면
아쉽고 그리운 추억이
빼곡이 수놓아 있다

말없는 골목길
가로등 긴 그림자
빈 소주병은
세상의 노숙자처럼 처연하다

술병은 잔을 채워주고
차가운 속을 비워간다
막다른 골목길 헛시침 소리
가로등만 깜박인다

덧없는 세월 속
어두움을 짊어진 가로등
추억은 늙지 않고
영혼을 불태우고 있다

먹이사슬

꽃길을 지나
피톤치드 향기를 토해내는 솔밭 길
진주알 영롱한
이슬을 짜깁기하는 거미줄
잠자리 겹눈으로도
피해갈 수 없는 덫

코로나 팬데믹에 앞을 볼 수 없는
곡예사 무덤에도
가을 향기에 취해
귀뚜라미 사랑이 한창이다

들꽃 향연에 초대한 벌들의 낙원에서
배반의 슬픔을 앓는다

해바라기 꽃

새벽 물안개에 몸단장을 하고
아침 햇살로 빗질한 머리로
그리운 님을 기다리고 있다

낮에 나온 반달을 바라본
감시병 고추잠자리가
방전된 날개로
뒷걸음질 한다

한줄기 소나기에도 해바라기는
변하지 않는 마음으로
햇빛이 꽃을 피우고
달빛에 잉태한다

초여름

보름 전만 해도
아지랑이 속 들꽃 향기에
삶의 생기를 느끼는
낯익은 봄

길어진 그림자를 비켜선 한 낮
초여름 햇살에 속살 드러낸 빨래들
스치는 바람에
소금기 머금은 질긴 삶을 토해낸다

강한 햇빛에 고개 숙인
토끼풀이며 강아지풀들이
깊은 상념에 머리를 숙이고 있다

간 밤 세찬 소나기에
몸살하는 들풀이 애잔하다

다가올 폭우나 산사태
수해가 끊임없이 숨바꼭질해도
초여름 볕뉘 한 줌의 사랑이
뜨겁기만 하다

그 네

강남에서 불어오는 바람
제비꽃 향기 싣고
여인네 치맛자락이 하늘을 가로지르면
하늘 빛에 눈부시다

한번 밀어 올리는 힘에
하얀 속살이 구름 속에서
기쁨의 웃음꽃 피운다

창공 높이 이를 때
햇살을 안고
수줍은 여인은
하얀 목련꽃으로 피었구나

젊은 날의 추억

작은 문틈 사이로
주름진 얼굴이 간지러워
잔잔한 그리움으로 풀꽃향기를 맞는다

눈 꽃 같은 눈망울 속에 고인 사랑
민들레 꽃씨처럼
몰래 숨어 짝사랑을 한다

옛 사랑이 그리워질 때
커피 한잔은
기다리다 지친 사랑이라도
해독하기 쉬운 언어가 된다

사진 속
내 짝사랑의 흔적을
일깨워본다

감천마을

산허리 따라 계단식 집들
오방색 옷을 입고 숨을 쉰다
골목마다 스며든 시간의 흔적
낯선 발걸음도 포근히 감싸준다

밤이면 어린 왕자와 별들은 벽화를 그리고
사막여우는 조용히 귀를 기울이네
사람들은 하늘을 향해 날갯짓하며
잊혀진 꿈들을 다시금 속삭이고 있다

바람도 골목을 감싸안고
바다 멀리서 배고픔이 합창하네
감천의 숨겨둔 이야기는
오늘도 여행자의 마음을 어루만진다

노을

수평선 너머 낙하하던
햇덩이 물고 있는 불새
서산마루에 걸려있다

저물어 가는 가을하늘에
갯내음 흩뿌리는 갈대밭
파도가 붉은 피를 토해낸다

노을은 그리움의 목자 되어
들국화 향기 옷섶에 꿰어
연인들 창가에서 속삭인다
불타는 노을은 내일을 여는
새옷 단장한 여명을 꿈꾼다

제 2 부

가을의 개여울에서

가을이
바람과 주고받는 대화에
마른 갈대숲 물들이는 노을
잔잔히 흐르는 개여울에
별빛 내릴 준비한다

어둠이 내려앉으면
달빛 아래 잔잔한 물결 어리고
길섶에선 귀뚜라미
현악 연주가 한창이다

빛바랜 시간이 안개비에 젖고
솔바람 풀꽃향기가 그리움 되어
오실 임을 기다리며
단풍잎 잎새마다 은빛 고운 시를 쓴다

비밀의 정원

산허리 감싼
안개비에 젖은 계곡
인기척 없는 고요한 산자락

안개 이슬 안고 달빛에 드러나는
산란한 별들의 속살이 신비롭다

산마루 구름 저편
평원의 들판에서 춤을 추며
설렘이 내려앉은 황홀경은
가을의 비밀정원

하늘이 보이는 숲속에는
산새들이 둥근 집을 짓고
밤을 지새운다
들려오는 풀벌레 노랫소리에
비몽사몽 눈뜨임을 하는

현충일

둥근 지구에서
둥글게 살라는 자연의 계시에도
갈라진 강줄기
젊은 핏빛으로 물보라가 치솟기도 한다

해마다 유월이 오면
하얀 모시적삼 비에 젖으며
살풀이로 영혼을 어루만진다

하얀 목련꽃은 떨어져도 묵상하고
장미꽃은 붉은 애환으로 자신을 닦는다

안개꽃 너머 소복 입은 여인
비목나무를 가슴에 안고
새싹이 돋아나는 꽃밭에서
앞가슴 열고 외로운 영혼에게 젖을 물린다

황혼

저물어가는 가을 하늘에
갯내음 흩뿌리는 갈대밭에
파도가 붉은 피를 토한다

못다 한 사랑에
애달프게 타오른 불새 한 마리
붉은 구슬을 물고 산허리에 기댄 채
피멍든 상처를 꿰매고 있다

노을은 그리움에 못 이겨
연인의 창가에 세레나데를 부른다

노을은 마지막 정념을 토하듯
주름 잡힌 세월을 멈추게 하고
꿈속의 청춘을 꿰매고 있다

할미꽃

봄 햇살 쏟아지는
뒤뜰 마루에 앉아
익어가는 세월 속에
울 할머니가 꿈을 꾸고 있다

하늘나라 할아버지에게
꽃 머리 숙여 따뜻한 사랑
안부 편지 띄운다

초여름 박꽃 피는 밤이면
앞마당에 모닥불 피워
참외 먹으며 별 헤아리던 이야기꽃
아픈 만큼 눈시울이 붉게 물든다

울 할머니 굽어진 허리가
봄 햇살에 털 지팡이 집고 있는
할미꽃을 닮았다

할머니 댁 감나무

시골 할머니 댁 뒤뜰엔
감나무 가지에 베레모 쓴 홍시가
탐스럽게 달려있다

어릴 적 앞마당에서
구슬치기 술래놀이 하다 지치면
할머니 쌈지에 든
달콤한 곶감 하나 쥐어 주시며
빙그레 웃으셨다

세월의 액자 속에 걸어놓고
기억들은 그대로인데
지금 앞마당에는 개망초만 무성하다

이제는 허기진 산새들 터전
겨울 감나무에 매달린
까치밥 홍시가 가슴을 후빈다

늦가을

갈대숲은 옷깃을 세우며
풀꽃들은 향기가 사라지고
가을이 몸부림치는 강 언덕에
낯선 이방인 되어 따라가 본다

여름 한철 우리집 옥상에
잠자리가 놀다가
새 소식 전하는 우체부따라
고추잠자리 떠나갔네

감자칩을 먹을 때면
낙엽 밟은 소리가
목이 긴 뱀처럼 외롭고 쓸쓸하게 들린다

억새꽃은 속으로 울면서
온몸으로 시를 노래한다

철새

이른 봄 갈대숲 언저리에
물안개가 숨을 고르고
새도 이슬도 함께
사랑의 씨앗을 품고 있다

넓은 우주 공간에
달과 별들의 긴 대화로
바람결에 생명의 신비가 숨어있다

구절초 향기에 실려 온 사랑
땅거미 지고
저녁노을이 붉게 물들면
철새들 군무가 창공을 수 놓는다

은행잎 편지

노란 은행잎 엽서에
붙인 우표
바람 따라 산 넘고 개울 건너
골목마다 연서를 배달한다

빛바랜 풀잎이
서릿발에 찔려 아픔을 삼킨다

담쟁이는 자일도 없이
맨손으로 오르다 힘겨워
얼굴이 붉게 물들어 가고 있다

겨울 연가

산마루 끝
겨울의 문턱에 혹한까지
인고로 지켜온 삶

삼한사온의 기후에
단풍든 낙엽들이
황혼의 안개 속에서
별무리처럼 왔다가 스러진다

보리는 새 싹이 짓밟혀도
봄을 기다리며
다시 일어선다
혹한의 민초는 궁핍해도
군고구마 하나에 웃음꽃 피던
그 시절 겨울이 그립기만 하다

명태 덕장

대관령 골바람이
하늘에서 내리는 눈으로
새벽녘 차창에 그리움을 그린다

차창에 피어난 눈꽃을 바라보면
시린 칼바람에도
내 마음을 설레게 한다

잔설 속에서 뛰쳐나온 양 떼처럼
황홀한 비경에
카메라가 방전된다

명태 덕장이 있는 식당에서
술 한 잔에 몸을 풀고 있을 때
미라가 된 명태들
인간들 식미에 벌떡 일어선다

구절초

여름 가고 늦가을이
근심어린 빛깔로 다가오고 있다

눈가에 무리지어 피는 주름살
엄마 닮은 구절초가 된다

엄마의 손길로
벙어리장갑 귀마개 하던 어린 시절이
시간의 흐름 따라 그리워진다

허기진 보릿고개 시절에도
엄마의 손길을 벗어날 수 없었다

아침을 거르면 귀신같이 찾아오는 정오
한 톨의 쌀이 무섭던 고향
엄마의 몸에서 구절초 향기가 난다

이제는 멀리 떠난 엄마의 뒷모습이
그리움에 닳아 눈물 꽃 핀다

반곡지

아침이슬 깨우는
이른 새벽 시장기를 때우고
안개 머문 여명 속에
도착한 반곡지

운무를 껴안고
속살을 내보이는
복사꽃에 길을 잃었다

몽롱한 사광선에 경계를 허물어
만개한 산언덕의 꽃길은
여기가 무릉도원
그 어디쯤인가

눈부신 꽃향기에 나는
한 마리 나비 되어
꽃잎에 입맞춤하다 넋을 잃는다

생각의 덫

개구리 나라에서
이념의 갈등으로 무정부 상태에
통나무 왕을 선택했으나
왕이 무능하다는 불만에
강한 물뱀을 뽑았다
그 물뱀은 개구리들을
하나씩 잡아먹었다는
이솝의 우화 한 토막

인간은 생각의 덫에 갇혀
지금 이 시대 역사의
정론을 두고 싸우는 것이 아닌
생계를 두고 싸우는 모양

솔숲 오솔길을
걷는 이는 솔향기가 나고
썩은 물에 빨래한 옷은
시궁창 냄새 난다

숲속을 자유롭게
거닐면서 생각하는
영혼의 노숙자로
세대교체 할 선택의 시간이 온다

잠복소[*]

마지막 은행잎이 남기는 흔적은
모래바람에 실려 지워지고

잔설 속에서 뛰쳐나온
꽃샘추위가
발톱으로 흔적을 할퀴고 지나간다

가로수 나무가
가지 치는 아픔만큼
앓아누운 시간

옷을 입힌 골절된 나무 밑둥에
혹한의 시린 몸이 밤을 여윈다

* 겨울나무에 짚으로 엮어 입히는 가로수의 옷

제3부

귀로

붉게 물든 먼 산언덕에
노을빛의 목가적인 그림자
하루의 끝자락에
땅거미가 내려앉았다

지친 발걸음은
집을 좇아가고
몸은 뒤뚱거린다

산들바람 불어
멀리서 들리는 새들의 노랫소리가
귀청을 다독이며 재촉하는 귀갓길

오륙도 수선화

비오는 봄날
언제나 맞닿을 수 없는 거리에
수선화가 손짓하고 있다

이국의 파란 눈망울 속에
미소로 품은
노란 꽃잎에서 그리움을 앓고 있다

다하지 못한 사랑을 안고
연인을 기다리는 듯
피어있는 꽃망울

자신의 외모만 사랑하던 나르키소스
절망 속에서
외로운 영혼의 수선화로 꽃잎을 연다

젊은 날의 수채화

병아리들이 등교할 때
개나리들이 노랗게 활짝 웃고
책가방이 열리면
벚꽃이 만개 한다

사춘기 골목길에서
갈지자 걸음에
복사꽃이 콧날을 세운다

숨이 벅차오르고
긴 낮과 밤 삶의 멍에를 지고
기로에 서 있다

교문 밖
화염병과 체류탄 가스가 자욱했던 시절
지금은 촛불과 전등 봉으로
수채화를 그려도

이제 귓가에 흰서리가 내려
나는 기도와 축제로
젊은 날의 초상화를 그리고 있다

찔레꽃 필 때

익어가는 봄볕 아래
여린 찔레순 꺾어 먹으며
먹보리 구워먹은 검은 입술에
더벅머리 웃음 짓던 얼굴

보릿고개 짙은 그림자
하얗게 가시 돋친 찔레꽃
애절한 울 엄마 닮았다

찢어진 가난에
강둑 따라 쓸려가는 모래톱
늙은 암소의 워낭소리에
아버지의 보따리가 허기를 달랬다

삶의 고개가 파도처럼
먼 길 걸어온 낡은 고무신 같은
내 어린 날의 풍경화

일상의 탈출

나 아닌 나를 들여다보고는
부끄러움과 두려움이
고단한 하루를 일깨워준다

때로는 꿈길에서
낯선 세계로의 여행이
비밀화원에 미지의
이방인이 되어 따라가 본다

거친 숨소리로 나를 깨우고
숨겨놓은 심장의 낙인을 쫓아
설익은 생각들이
모래성을 쌓는다

매일 매일이
뜬 구름에 기대어
시를 채굴 하여도
항상 미완성의 변주곡

비속의 해바라기

여름이 익어가는 계절
한낮 빛을 키우는 해바라기
바람의 언덕에 머물다간 흔적들
가슴에 숨겨 두었던 그리움

안개비가 모리스 부츠로
전보를 보내도 검은 버섯 핀 얼굴
추억의 접선을 거부한다

빛바랜 벽화도
비에 젖은 수채화도
발효를 거친 설익은 생각들이
사랑을 배우고
몽환적인 노란 꽃잎들만이
향기로운 미소 짓는다

설렘

타국에 이민 간 처형은
청초한 젊은 시절 보내고
고국이 그리워 일흔 넘긴 나이로
부산에 왔다

천년의 숨결이 살아 숨 쉬는 서라벌
불국사 첨성대를 눈여겨보고
해맑은 미소로 주름살 폈다

핑크뮬리가 널브러진 첨성대 들녘
연인들은 한 쌍의 나비가 되어
스마트 폰의 사랑으로 소야곡을 듣는다

마음은 청춘인데
꿈꾸는 시절로 허물을 벗는다

억새꽃

고요한 산자락에
은은한 커피향기가
창가에 젖어드는 이밤
하늘엔 선녀들 눈꽃을 타고
교회 종소리가 울려 퍼지네

바람은 억새꽃 안고
은빛 산허리를 돌아
현악기처럼 살을 비비며
슬프게 울고 있다

한때는 잡초로 취급받던 외떡잎 식물
가늘지만 부드럽고 황금빛 억세지조
군락지를 수놓아 억새 물결 출렁인다

억새 숲에 은사로 수놓은 거미줄
펜션 앞 하루살이 떼 군무는
휘황한 대낮인데
억새정원 펼쳐진 억새 둥지에
알을 품은 동박새 눈 까맣게 빛나네

가파도

꽃잎에 내려앉은 햇살처럼
에메랄드빛 바다에
소녀의 순정으로 손짓하며
비경을 품고 춤춘다

돌아가는 풍차가 길 안내하듯
마라도가 눈 아래 물위에서 출렁이고
가을 꽃 향기는 더욱 감미롭다

제주도의 외딴섬 가파도는
부드럽고 황홀한 첼로현을 켜며
초록빛 바닷바람으로
길손의 마음을 설레게 한다

삼베적삼

긴 여름 한낮도 모자라
은하수 펼쳐놓고
배틀에 앉아
씨줄과 날줄을 헤어가며
눈물과 고통으로 짜여진 삼베

흙냄새 나는 어린 시절
모깃불 피워놓고
삼베적삼 입은 할머니 무릎 베고 누워
견우직녀의 따뜻한 사랑
이야기 들으며 잠들었다

세월이 벌목해 간
나이테가 쌓여도 사는 날보다
흙으로 돌아가는 사랑의 한 여정이었다

모카커피 한잔

햇빛으로 꽃을 피워
달빛에 잉태하여
홍해의 습한 해무가
독특한 풍미의 맛을 만들었다

커피향이 짙을수록
그리움이 아려오고
기다림이 길어질수록
짙푸르게 멍들어간다

아름다운 내면의 향기는
발효 시간 늘려야 하고
나의 마음을 노래하는 시는
혼맥이 살아 있는데
혼자만의 생각이 내 마음
아프게 하는 외로운 교차

저녁노을에 커피잔 들고
내 흰 화관 쓴 머리에 시詩를 부으니
커피 향내 나는 시 한 수 낳았다

꿀벌의 반란

꽃잎 하나에
벌들의 춤추는 날갯짓
천국의 행렬처럼 황홀하다

인간은 벌집을 모방해
아파트를 하늘 높이 올리고
제비는 처마 밑을 찾지 못해
날아 가버리고
시멘트 사이 제비꽃은 피지 못한다

꽃을 찾아
산과 들녘을 누비던 벌
농약과 살충제에 오염되고
태양열 전광판에 회로를 잃어
꿀벌집 못 찾아
비명조차 삼켜야 한다

벌들이 떠난 들판에는
수박 참외 호박꽃 수정을 못 해
식탁 위엔 무거운 침묵만 자란다
빌딩 높은 줄 모른 벌꿀값도 치솟는다
자연의 법칙을 어기게 한 우리들은 죄인인가

휴대폰 시대

백색 전화기는
할말 못 할말 다 못한다
삐삐는 옆구리에 차고
공중 전화박스 꽁무니에서 긴 기다림

공일공 시대는
나의 손안의 우주세계
날개를 달아 주었다

친구 같고 애인 같이
떨어질 수 없는 한 몸이 되어
숨을 쉬고 있다

휴대폰 잃어버리는 날
공황상태로 소름 끼친다
예전에 시골 아버지의
취중 진담은

이 마을에서 개들 하고 나만
휴대폰이 없다 푸념하셨다

첫 만남

흙 비린내 나는 어린 시절
땅거미진 마당에
추억의 꼬마 신사가
웃음 지으며 다가온다

계절을 풀무질하여
계수나무로 노를 만들고
목련 나무키로 배를 만들어
공주처럼 맞이하려 했으나

꽃의 여왕
장미꽃 닮은 선녀가 걸친
잠자리 날개옷으로 그대를 잠재우고
푸른 안개처럼 사라졌다

여명 속에서
하얀 웃음 짓는 박꽃은
안개꽃으로 다시 피어나고
자라지 못한 어슬픈 꿈은
억새꽃 화관 쓰고
노을 보며 웃고 있다

제4부

겨울 동박새

먼 산에 설화가 쌓이면
나목들은 한 폭의 산수화처럼
옷깃을 세운다

산사의 대웅전 처마 끝에
산새들 깨우는 풍경소리가
애처롭다

서릿발 돋은 겨울바람에
흰 구름 낮달도 기웃거리며
시린 겨울을 잊으려 한다

대숲 동백나무에
알콩달콩 살 비비는
동박새 가족이
푸른 꿈을 꾸고 있다

인동초

유월의 햇살에
잡초 덩굴 속 빈 곳에다
잠시 무거운 짐을 내려 놓는다

칠월에는 뿌리를 내려야하고
울타리 사이에
생명의 통로를 짜깁기 한다

눈빛이 마주치며
절박한 세상의 파문 속에
사랑의 또아리를 튼다

인동초 꽃은
코로 마시고 눈으로 먹고
입으로 삼키면서
인생의 칵테일을 맛본다

첫눈

산 너머 멀어진 고향
눈꽃의 생화로 축복을 내린다

첫눈은 몽환적이고
첫 고백은 떨리고 서툰 몸짓
첫사랑은 아쉬움에 그립다

첫눈 들이치는 창가 목로주점에 앉아
옛 생각에 술 한 잔 비우고
고요 속의 그리움 지워나간다

내 유년 시절
사각 사각 눈 치우는 소리
나이테 수북히 쌓일수록
보석인 양 가슴속에 품고 산다

눈 속에 피는 홍매화

흰 눈 속 고운 봄을 품고
꽃바람 머금은 홍매화
속세의 번뇌 잠시 내려놓는 나그네

동편에서 불어오는 소식
예언의 싹을 띄우고
다시 눈보라 몰아쳐도 꺾임이 없다

긴 밤 지나 새벽녘까지
가슴에 맺힌 피멍을 씻었는지
법문을 새겨듣고 사랑의 봉우리
활짝 폈구나

골짜기 쌓인 잔설이
매화꽃 붉게 물들이면
핑크빛 메시지에
꽃비 맞는 젖망울에
혼미해진 나, 수없이
카메라 셔터만 누르고 있다

솟대마을

운무가 속살을 감추는 마을
오는 이 반갑게 맞이하고
가는 이 붙잡지 않는
아픈 사연을 가슴에 안고

하늘로 길을 내는
솟대마을에는
모자라도 누추하게 살더라도

남루한 허수아비처럼
숨기고 싶지 않은 삶

티없이 맑은 아이들과
고샅길 가위 소리가
마을을 넉넉하게 만든다

강강 술래

이기대 앞 바다
둥근 보름달 아래 은파가 일렁이면
꼬리 따라 덕석몰이가 시작 된다

두 손을 마주잡고 빙글빙글 돌며
바람 따라 흐르는 노래
달빛 아래 하나 되어
아녀자들 한마음으로
축제를 벌인다

기운을 모아
오방색 불 밝히며
왜적을 속인 지혜와 춤사위
조상의 숨결은 아직도
끝나지 않았다

봄의 소리

겨우내 숨겼던 차가운 가시 발톱
진흙 속에서
새싹을 깨우는 바람은
발정 같이 회오리친다

적막을 허물어
금빛 물결이 넘실거릴 때
파도 따라 어깨춤을 추는 갈매기
기억의 모퉁이를 돌아 나온다

봄비가
얼어붙은 나뭇가지 간지럼 태워
싹을 틔우고
불씨는 지피지 않아도 번져나간다

봄의 소리에
노란 개나리가 웃음을 터뜨리고
돌 틈 사이 제비꽃 깨워
봉오리 맺게 하는
신비로운 자연의 형태여

카라 꽃씨

잔설에 뛰쳐나온 꽃샘추위가
흙 속에서 흔적으로 서성인다

냉기에도
나뭇가지는 실눈을 뜨고
봄이 오는 발자국 소리를 듣는다

바람의 꽃 기침에
눈꽃이 하늘을 돌다가
눈부시게 윤슬 위에 빛나고

힘겨운 오후
한 아름 묻어둔 카라 꽃씨가 싹트기 전
캔버스의 여백만큼
삶의 여유로움이 피어난다

꽃비

수련 잎에 앉은 청개구리
꽈리를 불면
봄비가 내린다

보얗게 휘감은 안개비
봄비 소리 듣고 싶어
자리를 못 떠난다

노산공원 동백꽃은
하트모양의 사랑을 표시하고
청룡사 뜰에는
꽃가지 바람에 휘여
꽃잎을 휘날리게 한다

봄 문학기행 때
꽃비가 내려
꽃비 맞는 얼굴엔
축복의 세레나데였다

푸른 뱀의 해

농촌에서 소 풀 먹이며
찔레순이나 산딸기 따먹다가
독사에 물려 사경을 헤메었던 어린 시절

위험과 재생의 신비를 간직한
뱀의 독
지팡이 뱀이 의술의 신으로 태어났다

어둠을 불사르는 푸른빛
뱀의 혀로
에덴동산에서 인간을 쫓아내고

무속신앙과 만난 그리스의 신화에선
머리를 많이 가진 메두사가 되어
신비 속에서 깨달음을 낳기도 한다

아라홍련

칠백 년 암흑 속에
스님의 독경소리 듣고 피어난
아라홍련

죽비에 여름 향기 맡고
불면의 밤을 지새우며
묵상하는 와불

흙으로 가는 여정에서
등불이 되어
무정한 샛바람마저
꽃말을 새겨둔다

맑고 아름다운 미소여
저절로 고개가 숙여지는

바실리에 가면

커피 잔에 꽃구름
띄워 놓고
수채화를 그린다
마알갛게 햇빛으로
목욕한 여인
그윽한 바실향에 빠지는

바실리에 가면
은밀히 담장을 기어오르는 능소화
조롱박이 농염하게 눈을 흘긴다

그곳의 햇살은 달콤하게
꼬드긴 해바라기 달빛이
밤에만 찾아오는 나의 천사다
포개둔 전설의 실타래를
가만가만 풀어내고 있다

운곡서원

깊은 계곡 산줄기 타고
빛 내림에 기운을 받아
댕기머리 풀고 앉아서

시학을 깨우치고
오백 년 노거수가 훈장질을 한다
뒤뜰에 무성한 개망초
꽃자리 전설이 되어
묵은 장독대를 뒤덮고

가을의 길목 황금빛 은행잎이
나비가 되어
갈바람에 날아오르면
깊은 한숨 따라 보낸다

늦가을 어느 처사가
낙엽을 쓸어내며
문화유산을 기리고 있다

외로움의 길

언덕길 위 교회 종탑은
어두운 빌딩 숲 사이
희미한 한 줄기의 빛
나홀로 외톨이 존재

길 위의 작은 발걸음도
끝이 보이지 않은 길
엄마의 품을 떠난 그리움
푸른 슬픔이 사무치다

그 시절 추억의 안테나는
하루를 못 채운 낮달이
나날이 길어질수록
엄마의 품속이 그리운 환상

배꼽시계는 멈추고
십자가 종소리가
엄마 품은 천국의 안방이라며
바람결에 위로를 한다

절규

바위틈 사이
얼굴을 파묻고
입김을 토하는 아픔
신을 부르는 절규

운명처럼 다가온 발자국
산짐승이 우짖는 소리
뭉크의 절규보다 더 강렬함이

갈라진 대지 위에
저항을 꿈꾸며
붉은 악마의 환호성

내일을 여는 토우의 합창
좁은 문 사이로
붉은 깃발이 춤을 춘다

제5부

주남저수지의 일출

어둠속에서 드러나는 빛
주남저수지 호수 위에
새벽의 숨결이 내려 앉는다

하얀 눈꽃나무들 사이로
태양이 붉게 타오르고
새로운 하루가 시작된

추운 새벽 새 박사와
커피 한잔 나눈 대화로
미래의 꿈을 사진 속에 담는다

사랑의 춤사위

한세상 출렁이는 세월 속에서
붉은 용암이 타오르면
순수한 사랑의 묘약을 합창 한다

구름이 달을 품는 날
밤이슬 내리는 창공의 미로에서
달빛 젖은 하늘까지
귀뚜라미 소리 잦아질 때
힘찬 날갯짓으로 아침을 연다

가을이 익을수록
풍요는 더욱 살찌고
달빛과 함께 마시는 커피는
그대 입맞춤처럼 달콤쌉쌀하다

꽃잔치

바람과 햇살로 키운 들녘
붉고 노란 튤립들이
꽃 기침에 춤사위가 곱다

언덕길 위의 벚꽃
분홍빛 고을들
꽃잎 속에서 사랑물 들인다

사계절 중 봄은
꽃 사태 나서 즐겁고
꽃들의 여왕 앞에 솟구치는 환희
자연의 선물은 가슴에 담는다

꽃으로 물든 봄날
다채로운 꽃 잔치에 초대된 우리들
만인이 평등하단 메시지에
봄의 소리 익혀가며
꽃맞이 하던 다초지에서

동피랑

동피랑 벽화에 걸터앉아
나포리항을 내려다 본다
머물고 간 바람결에

노을빛 파도에 출렁이는 시상
마음 속 들끓는 마그마에
문득 그리워지는 바다 향수여

빛바랜 벽화가 석양에 반추되니
속 빈 강정같이 길을 잃고 만다

골목길 넘나드는 울림이 없는
엿장수 마음 바다를 품고 있었네

장독 마을

흙으로 빚어진 옹기 마을
나도 한번 진흙 속 막사발
최고의 걸작품으로
천국의 객실을 장식하고 싶다

고요한 아침 햇살
숙성된 맛과 향을 머금고
소박한 삶과 진솔함이 배여 있는
옹기종기 살을 덧댄 마을

세월이 품어 된장이 익어가는
말없이 지켜온 겨레의 혼이
연연히 이어갈 장인의 정신이다
역사의 훈장 같은 장독마을

나도 언젠가 솔잎 향기 깃든
옹기마을에 살고파라
그 로망roman의 꿈
천도의 숯가마에서
활활 타오른다

연탄 갈기

겨울의 모퉁이에서
골목길 돌아 산바람 소리
삶이 부대끼는 산동네

하얗게 타버린 연탄재
유령 같은 달빛에
빗살무늬 도끼 같은 삶

주름진 세월 속
다 태워버린
할머니 가슴처럼 시리다

연탄이 꽉 차는 날은
어머니 뜨거운 삶 일어서는 날
혼불 같은 어머니 생애
다시 태어나는 날

카트 서핑과 노을

멀리 수평선 파도를 타고
노을빛 카트 서핑의 황홀함
자유와 설렘이 가득하다

금빛 물마루에 몸을 실어
꿈을 향해 날아오르면
우리 꿈도 창공 어디쯤
한줄기 바람이 되어 흐른다

파도에 출렁이는 저녁노을
바람과 함께 희망과 자유를
세상은 잠시 멈추고
나만의 세계가 펼쳐진다

수련꽃

하늘과 땅에 가득한 향기에
천상의 음계를 따라
연분홍 꽃잎에 눈을 헹군다

진흙 속 번뇌를 씻어
수줍은 소녀가
붉은 입술을 내민다

비 오는 날은
실잠자리 사랑놀이
진흙 캔버스에서
세련된 몸짓으로
행위 예술을 한다

빨간 눈사람

언덕 위 하얀 세상
눈꽃 같은 어린아이들
햇빛에 시린 뽀얀 살결
얼굴에 하얀 포말을 흩뿌린다

동장군의 혹독한
눈 속에서 맨몸으로 뛰노는
아이들 얼굴이 환한 꽃이 핀다

교회 종소리 울려 퍼지는
나뭇가지에 상고대 피고
천진난만 어린아이들
웃음소리 가득 퍼진다

서라벌

천년의 숨결이 살아 숨쉬는
불국사의 첨성대와 안압지
해맑은 웃음 속에 역사의 주름 늘어간다

핑크뮬리가 널부러진 첨성대 들녘
연인들은 한 쌍의 나비가 되어
스마트폰은 사랑의 소야곡이 흐른다

안압지 동궁에 초승달 띄어놓고
귀한 님 맞이하니
임해진 잎새 바람 붉게 물든다

징검다리 마을에서

바람에 실려 오는 정겨운 초가집
돌담너머 외양간
마을로 향하는 길목

초가집 지붕 위에
박꽃 피는 밤이면
별들의 꿈이 익어간다
멀리서 풀벌레 소리 들려오면
옛날의 추억이 묻어난다

건너 마을 술 익어갈 때
물방개 물수제비 뜨듯
나귀 타고 징검다리 따라 건넌다

세월의 무게가 스며들어
빛바랜 액자 속에 멈춰져 있다

늦여름

보리알이 채 익기도 전
들꽃 향기들 떠나기 싫어
뜨거운 햇살은 속살을 태운다

삼락공원 작은 연못에
어리연꽃 피어나고
검은 구름 빗줄기 되어
푸른 잎새 흔들어 깨운다

초여름 뙤약볕에
강아지풀 토끼풀들이
화상을 입고 눕기도 한다

풀로베르가 풀 한포기 속에
사랑과 이야기를 집어넣을 때
때때로 나는 참신한 시 하나 건지러
온 강산을 찾아 헤맨다

칠월의 폭염

폭염과 무더위에
오이 토마토 기형으로 변해
밭을 갈아엎었다

대장간에서 벌겋게
달궈진 쇳물처럼
폭염에 여름나기 버거워진다

더위에 취약한 나는
사약을 마시는 계절인 듯
절반이나 체력이 줄었다.

빛을 머금고 자란 식물들
꽃을 피우고 향기를 만드는 것처럼
나는 한여름에
시를 풀무질하며 꽃을 피우고 있다

들 꽃

눈에 띄지도 않은 채
몰래 피었다가
시들어 버린 꽃

잔잔한 향기
그리움이 채색된 어린 시절
기억을 덧댄 채 말라만 간다

들꽃과 새와 곤충들
해와 달 별들과 함께
소중하게 헤아려본 시간들

낮은 자세로
풀 꽃의 프리즘으로
나의 삶을 들여다 본다

풀잎 사랑

풀잎은 새벽녘에
진주목걸이 단장하고
앳된 새싹이 힘겹게 머리를 들 때
풀잎 사이로
거미가 그네를 타며
어린 새끼를 키우고 있다

진드기는 신방을 꾸려
왕국을 건설하고
병정개미는 경계를 선다

무당벌레는 빈틈을 노리며
친구에게 SOS를 친다

각성바지 모여 사는
풀잎 사이 터를 잡고
거친 세상 맞서가며
숨 막히게 살아가는 한세상
곤충살이 엿보기에 흥미가 당겨질 때
풀잎 위 영롱한 이슬
보석보다 아름답다

시집발간을 축하드리며

주순보 (사)부산문협 부회장/남구문협 고문

연일 무더위로 일상생활이 버거운 하루입니다. 그러나 세월 이기는 장사가 없듯이 가을을 이기는 여름이 없을 것이라 믿습니다.

먼저 주철민 시인의 시집발간을 마음 다해 축하드립니다. 이번에는 사진집과 더불어 시집을 네 번째 출간하는데 일상에서 건져 올린 바다 물빛 같은 순수함이 엿보입니다.
주 시인은 이른 새벽에 떠난 촬영지에서 느낀 소회나 유년 시절의 감회가 두드러진 시향이 독자들로 하여금 유년 시절로 이끌어줍니다.

시인은 저와 띠동갑인 셋째 오라버니입니다.
제가 여고 시절 여름방학에 고향집 서재에서 우연히 오라버니의 일기장을 보게 되었습니다.
일기장이라고 겉으로 드러나지 않은 묵직한 책을 꺼냈는데 그게 바로 오라버니의 카투사 시절에 썼던 일기장이었습니다. 지금 고백이지만 생소한 일들이 화려한 문구로 빼곡하게 적혀있던 한 권의 수필집과 다름이 없었습니다. 이것을 본 후 오라버니가 언젠가는 수필가가 될 것이라는 생각을 해보았습니다. 장르가 다르나 함축미가 있는 시를 선택해 꾸준히 공부하며 시인의 길을 걷고 있는 오라버니께 힘찬 박수의 응원을 보냅니다.

"예술은 일맥상통한다."라는 말이 있습니다. 아버지가 교육자이자 한시 시인이었기에 우리 자녀들이 한시 작가, 미술작가, 사진작가, 시인으로, 이제는 삼대三代를 이어 활동하고 있으니 그 DNA는 속일 수 없나 봅니다.

돌아가서 주철민 시인은 1975년 서울에서 부산으로 이사와 서면 대한극장 맞은편에 부산 최초의 "부산사진예술학원"을 경영하며 부산예술대학과 지금까지 남구문화원에서도 가르치는 열혈 예술가입니다.
 오라버니의 제자가 1,000여명 이상이 되며 (사)한국사진작가협회 부산지회에도 150여명 회원이 있을 만큼 저력이 있다고 제자인 어느 지인이 귀뜸 해주었습니다.

오라버니는 (사)한국사진작가협회 부산지회의 자문위원으로 활동 중이며 오랜 세월 자연의 작은 풀, 꽃, 새와 비경을 찾아 촬영하고 감동을 많이 받아서인지 얼굴 모습이 아직도 곱상하니 생물학적 나이보다 10세 이상은 훨씬 젊어 보이는 동안입니다.

　시어詩語를 조탁彫琢해야 하는 시인은 자기 정체성을 찾아가는 길이며 또한 예술에는 정답이 없습니다. 화살촉같이 날아가는 세월을 붙잡을 수도 없습니다. 그러나 여태까지 건강한 모습으로 창작의 길을 걸어왔듯이, 이 두 가지 예술성을 겸비하여 "노장은 살아있다."라는 모습으로 백수白壽 누리시길 진심으로 기원드립니다.

대표시 한수

서운암

이른 새벽
산장을 깨우는 스님의 발자국 소리에
잠을 깨는 풀벌레들
계곡을 돌아내리는 물소리 함께
仁者樂山
智者樂水라 조잘대며
새 아침을 맞는다

부처의 말씀을 새기던 중생들이
흘리고 간 기도가 장독마다 농익어 가면
서운암 처마 끝
풍경소리 따라 오르는 산길이
그리 넉넉하다

시비제막식(고향)

시비제막식(고향)

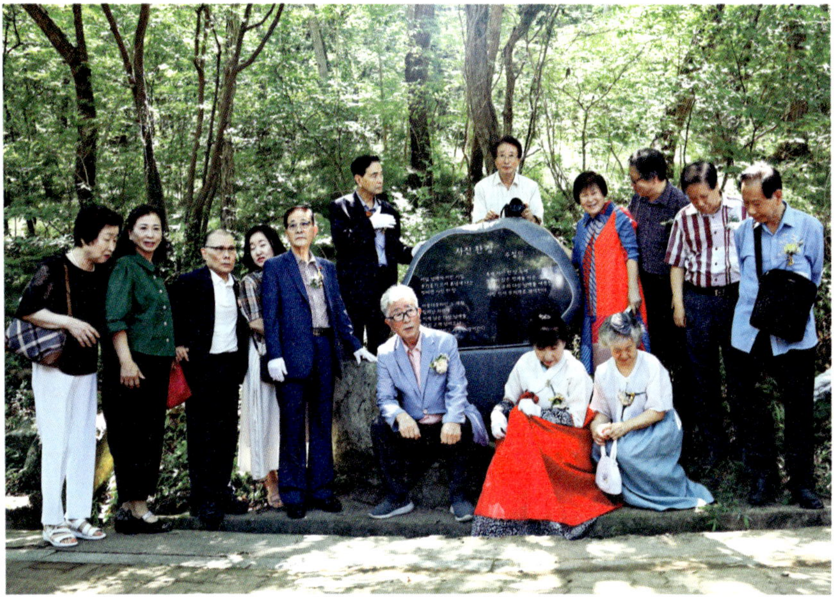

문골 다랑논
주철민
자연을 닮은 얼굴
조상의 지혜가 녹아있는
허리 굽은 다랑논
눈과 비
바람을 요리하는
도롱뇽의 집
물안개가
쉬어가는 녹색지대
문골 다랑논 천수답

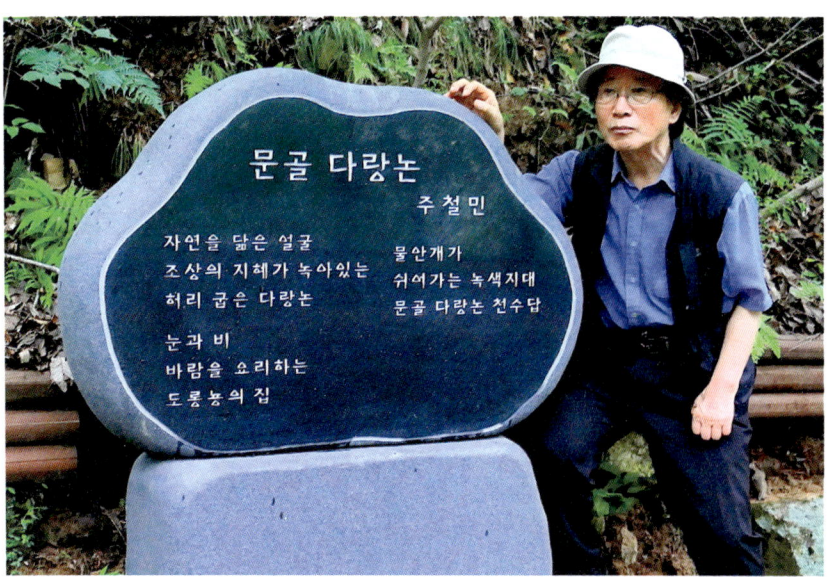

해를 닮은 해바라기

2025년 8월 18일 인쇄
2025년 8월 20일 발행

지은이 | 주철민
펴낸이 | 박중열
펴낸곳 | 다솜출판사
　　　　부산광역시 중구 대청로 135번길 10-1
　　　　TEL.(051)462-7207~8　FAX. 465-0646
등록번호　1994년 4월 22일 제325-2001-000001호

값 10,000원
* 저자와 협의에 의해 인지를 생략합니다.

ISBN 978-89-5562-821-0　03810

※ 본 도서는 2025년 부산광역시, 부산문화재단 '부산문화예술지원사업'으로 지원을 받았습니다.